Charlotte

· · · · · · · · · · · · · ·

DAVID FOENKINOS

ANALISI DEL LIBRO

Scritto da Laurence Lissoir
Tradotto da Sara Rossi

Charlotte

• •

DAVID FOENKINOS

DAVID FOENKINOS

ROMANZIERE FRANCESE

- **Data e luogo di nascita: Parigi, 1974**
- **Opere principali:**
  - *Il potenziale erotico di mia moglie* (2004), romanzo
  - *La Délicatesse* (2009), romanzo
  - *I ricordi* (2011), romanzo

Grande amante dell'arte, solo all'età di 16 anni, quando aveva appena subito un intervento chirurgico per una malattia pleurica ed era stato costretto a letto per diversi mesi, si dedicò alla lettura, alla pittura e alla chitarra. Dopo aver tentato senza successo di fondare un gruppo musicale, si è dedicato alla scrittura dopo essersi laureato in letteratura alla Sorbona. Nei suoi romanzi, David Foenkinos è solito trattare il tema dell'amore con umorismo.

A 40 anni, questo giovane autore ha già vinto diversi premi. Ha ricevuto il Premio Roger Nimier nel 2004 *per "Il potenziale erotico di mia moglie"* e il Premio Conversation per *"La Délicatesse"* nel 2010. Nel 2014 ha vinto il Prix Renaudot e il Prix Goncourt des lycéens con l'opera *"Charlotte"*.

CHARLOTTE

TRA AMORE FANTASTICO
E DETERMINISMO FAMILIARE

- **Genere:** biografia romanzata
- **Edizione di riferimento:** *Charlotte*, Parigi, Gallimard, 2014, 221 p.
- **Prima edizione:** 2014
- **Temi principali:** Charlotte Salomon, il nazismo, l'intolleranza, l'esclusione, l'amore, la patria, la famiglia, l'arte, la guerra.

"Charlotte" è una biografia romanzata della vita di Charlotte Salomon, una giovane artista ebrea tedesca che fu uccisa con il gas durante la Seconda Guerra Mondiale. Il libro ripercorre il suo percorso artistico, attraverso le sue opere e il suo percorso familiare in seguito alle indagini di David Foenkinos. Il romanzo è scritto in versi liberi e ogni frase è spezzata, dando al testo la sensazione di una lunga poesia con un certo ritmo.

Quando fu pubblicato, *"Charlotte"* fu un vero e proprio bestseller, con oltre 400.000 copie vendute. Il libro ha vinto il premio Goncourt des lycéens e il premio Renaudot. Lodato dalla stampa per il suo stile letterario caratteristico e per il modo in cui trasporta il lettore nelle frasi e nella vita di Charlotte Salomon, viene anche criticato per l'ingenuità della sua prosa falsamente semplicistica e per le sue parole, che non spiegano mai veramente il motivo della sua ossessione per l'artista tedesca.

SINTESI

"TUTTA LA VITA" DI UN ARTISTA.

Charlotte Salomon fu un'artista ebrea tedesca nata a Berlino nel 1917 e morta ad Auschwitz nel 1943. Profondamente influenzata dalle atrocità del suo tempo, è nota per la sua opera autobiografica *Vita? O teatro?*. Utilizzando i tre colori primari (rosso, blu e giallo), dipinse circa 800 quadri che ritraevano la madre, il padre e il suo amore appassionato per Alfred Wolfsohn, oltre al tragico episodio della Notte dei cristalli e al suo esilio in Francia. La particolarità del suo lavoro pittorico sta nel fatto che era accompagnato da testi descrittivi, citazioni letterarie e riferimenti musicali.

Charlotte affidò il suo lavoro a Ottilie Moore, una ricca donna americana che accolse lei e i suoi nonni quando fuggirono nel sud della Francia. Nel 1947, Ottilie trasmise a sua volta la preziosa eredità ai genitori dell'artista, sopravvissuti alla guerra. Per quasi 15 anni si occuparono di "tutta la vita" della figlia, uccisa in una camera a gas ad Auschwitz. Solo nel 1961 i dipinti di Charlotte furono esposti per la prima volta ad Amsterdam. Fu un successo immediato e internazionale: l'opera affascinò per la sua originalità. *Vita? O teatro?* fu pubblicato in forma di libro e tradotto in diverse lingue. Tuttavia, la fama dell'artista non durò e l'opera cadde gradualmente nell'oblio. La collezione originale si trova oggi al Museo Ebraico di Amsterdam, dove viene esposta raramente.

Affascinato dal lavoro di Charlotte Salomon, David Foenkinos racconta la vita dell'artista in forma romanzata nel suo libro intitolato "*Charlotte*".

UNA FAMIGLIA LEGATA AL SUICIDIO

La storia della famiglia dell'artista sembra avere un effetto deterministico: tutte le donne sono portate al suicidio. La prima era Charlotte, sua zia, una giovane donna che sembrava avere tutto per essere felice e che una notte decise di uccidersi annegandosi volontariamente, lasciando dietro di sé un dolore insopportabile nel cuore della sorella Franziska e dei suoi genitori.

Per superare le sue sofferenze e smettere di pensare alla sorella morta, Franziska, la madre della futura pittrice, intraprese una causa più grande e si recò sui campi di battaglia durante la Prima Guerra Mondiale come infermiera. Fu durante l'intervento a un soldato che conobbe il suo futuro marito ebreo, Albert. Il dopoguerra e l'arrivo della figlia distrassero Franziska dai suoi pensieri suicidi per diversi anni. Tuttavia, non riuscì a resistere alla tentazione del vuoto e finì per gettarsi dalla finestra per raggiungere la sorella. Ignorando le reali circostanze della morte della madre, Charlotte trascorse molto tempo al cimitero in attesa dell'arrivo della madre sotto forma di angelo e chiuse sempre di più in sé stessa. Iniziò, quindi, a leggere compulsivamente i grandi autori tedeschi come Goethe, Hesse, Nietzsche e Döblin.

LA SCOPERTA DELLA PASSIONE

Quando arrivò Paula, una famosa cantante e nuova compagna del padre, Charlotte scoprì un'ossessione: Alfred, l'insegnante di canto della matrigna, perseguitava ogni suo pensiero. Da questo incontro, Charlotte sviluppò il gusto per l'arte e iniziò a dipingere per illustrare la musicalità e la poesia.

Con l'aumentare dei pochi incontri con Alfred, la donna ricordò più volte le loro discussioni e i momenti di intimità. Innamorata follemente del professore, questi eventi ossessioneranno la sua pittura nel suo lavoro *"Vita? O teatro?"*. Iniziò a dipingere in modo sinestetico, mescolando musica, pittura e poesia.

Il suo talento venne notato e, grazie a delle conoscenze, riuscì a entrare all'Accademia di Belle Arti, nonostante le numerose restrizioni imposte agli ebrei. Non senza protestare, Charlotte fu accettata, ma le fu chiesto di rimanere discreta. All'accademia, il suo lavoro non era eccessivo, ma era apprezzato e gli insegnanti concordavano sul suo "genio". Lì conobbe anche Barbara, una giovane ragazza tedesca bionda che non aveva alcun talento se non quello della seduzione e che, guarda caso, era l'opposto di Charlotte. Negli anni tornarono regolarmente insieme dall'accademia; Barbara parlava e Charlotte ascoltava, sperando segretamente di essere un po' più simile a lei.

Alla premiazione di fine anno, il primo premio venne stabilito in forma anonima per non favorire nessun alunno. Il dipinto di Charlotte venne scelto all'unanimità. Tuttavia, vista l'esclusione degli ebrei e la tiepida accoglienza dell'arte moderna all'epoca, l'intera facoltà si rifiutò di assegnare il premio a un ebreo per paura delle conseguenze. Charlotte fu messa al corrente della situazione e suggerì di assegnare il premio a Barbara. Per tre giorni, Charlotte pianse per questa situazione.

L'ascesa del fascismo era evidente anche nei numerosi abusi di cui Charlotte fu testimone e che talvolta subiva: venne esclusa da tutte le onorificenze, il padre non poté più esercitare la sua professione e la matrigna venne fischiata ai suoi concerti. In seguito all'episodio della Notte dei Cristalli (1938), suo padre fu mandato in un campo. Dopo la liberazione del campo, i genitori di Charlotte la costrinsero a lasciare il Paese per raggiungere i nonni. Rifugiatisi nel sud della Francia, vissero con una ricca donna americana di nome Ottilie Moore.

ESILIO NEL SUD DELLA FRANCIA

Sul binario della stazione, Charlotte si lasciò alle spalle la sua infanzia e il suo amato Alfred, fingendo di andare a trovare la nonna malata solo per qualche giorno. Alfred le disse poche parole di commiato: "Che tu non possa mai dimenticare che io credo in te" (p. 129).

Charlotte era sopraffatta dalla bellezza della campagna francese e trovò il suo arrivo a Villefranche-sur-Mer un sollievo. Nella tenuta di Ottilie Moore, nota come "L'Ermitage", Charlotte osservava le meraviglie della vita attraverso i giochi e le risate dei bambini, ma la giovane donna non voleva partecipare attivamente a questa nuova vita, perché si sentiva in colpa per essere fuggita dalla sua città natale e aver abbandonato la sua famiglia al suo triste destino. Silenziosa e riservata, Charlotte iniziò ad attirare i bambini intorno a sé. Ottilie si accorse del suo talento e la incoraggiò a dipingere comprando i suoi schizzi e fornendole i materiali necessari per esercitarsi nell'arte.

Nel corso del tempo, il rapporto tra i nonni e il loro ospite si deteriorò, finché un giorno decisero di trasferirsi con Charlotte in una casa a Nizza. Dopo il suicidio della nonna, che aveva vegliato quasi giorno e notte, il nonno esplose di rabbia e rivelò la vera causa della morte della madre. Charlotte capì che tutte le donne della sua famiglia erano attratte dal vuoto e stabilì una logica: 13 anni separavano la morte della madre da quella della zia e della nonna. Charlotte decise quindi che probabilmente si sarebbe suicidata nel 1953. Nel giugno del 1940, lei e il nonno furono mandati in un campo di lavoro, dal quale furono fortunatamente rilasciati pochi mesi dopo a causa della salute dell'anziano. Confusa e smarrita, si rese conto, grazie al medico Moribis, che doveva dipingere per vivere e non sprofondare nella follia. Decise, quindi, di chiudersi in una stanza d'albergo per quasi due anni per dedicarsi alla sua arte. Questa attività diede vita a un'autobiografia pittorica composta da 800 gouaches e testi dipinti con annotazioni musicali che ricordano le melodie suonate dalla madre al pianoforte e i brani lirici di Paula e Alfred.

LA FINE

Una volta terminato il lavoro, Charlotte lo affidò al medico Moribis e decise di tornare all'Hermitage, dove si trovava

Alexander Nagler, ex amante di Ottilie. Nacque una storia d'amore tra questi due solitari. Smise di andare a trovare l'odioso nonno quando questi morì, lasciandola senza famiglia. I due amanti decisero di sposarsi e Charlotte rimase incinta. In seguito alla resa italiana e all'arrivo delle SS Alois Brunner (1912-2010), la gente fu a denunciare e vennero organizzati rastrellamenti di ebrei in tutta la Francia. Nonostante la loro discrezione, una denuncia telefonica del 21 settembre 1943 segnò la fine per la giovane pittrice, che presto sarebbe diventata madre. Il 27 settembre arrivò con il marito, anch'egli ebreo, al campo di transito di Drancy dopo un lungo viaggio stipati in una carrozza del treno. Charlotte rimase fiduciosa, pensando al padre liberato dal campo di Terezin, a lei e al nonno usciti vivi dal campo di Gurs e all'uomo delle SS che la tirò fuori dall'autobus diretto al campo di sterminio.

Quando arrivò a destinazione, Auschwitz, venne mandata direttamente con molte altre donne alla doccia, che era una camera a gas. La scritta all'ingresso del campo, "*Arbeit macht frei*" (Il lavoro rende liberi), fu l'ultima frase che lesse.

STUDIO DEL CARATTERE

CHARLOTTE SALOMON

Charlotte Salomon è stata un'artista ebrea tedesca nata il 16 aprile 1917 e morta nell'ottobre del 1943. Giovane donna affascinante, con occhi azzurri e capelli biondi, fu ripetutamente scambiata per un'ariana. Appassionata di arte, sviluppò un proprio stile e fu considerata da molti un "genio".

Da quando la madre morì, diventò silenziosa, riservata e solitaria. Legata al padre e alla matrigna da un forte sentimento filiale, decise, infine di entrare nella zona franca per risparmiare al padre ulteriori preoccupazioni. Da quando conobbe Alfred, l'insegnante di canto della matrigna, Charlotte ne fu ossessionata e se ne innamorò perdutamente. La loro separazione fu difficile per la giovane donna, che fu perseguitata dalla sua immagine per molti anni. Alla fine, immortalò Alfred e il suo amore per lui nell'opera *Vita? O teatro?*.

Presentata nel romanzo come una donna discreta e attenta, Charlotte rimase calma e composta nelle situazioni più terribili, in particolare quando venne deportata nel campo di Drancy. In Francia, dedicò tutto il suo tempo allo sviluppo del suo lavoro e sembrò irraggiungibile fino al momento della gravidanza.

È il legame tra tutti i personaggi e lascia una traccia indelebile nella loro memoria.

FRANZISKA GRUNWALD

Era la madre di Charlotte Salomon. Da quando morì la sorella minore Charlotte, la donna rimase sempre stata chiusa in sé stessa, ma l'incontro con il medico Albert Salomon e la nascita della figlia la fecero uscire per un po' dalla propria malinconica tristezza. Con il passare del tempo e la frequente assenza del marito, la donna ricadde nella sua confusione e la depressione prese lentamente il sopravvento. Maniaco-depressiva, passò da uno stato letargico a uno di eccitazione in pochissimo tempo: portò sua figlia a destra e a sinistra, poi si chiuse in casa per giorni e giorni. Alla fine, si suicidò gettandosi dalla finestra della casa dei genitori.

ALBERT SALOMON

Orfano, Albert era un uomo brillante che si dedicava totalmente al suo lavoro. Durante la Prima Guerra Mondiale, fu inviato sul campo di battaglia come chirurgo e conobbe sua moglie Franziska. Intraprese una carriera di successo come medico e insegnò in un'università di Berlino fino al 1933. Quell'anno segnò l'inizio del suo declino professionale, poiché gli ebrei non potevano più esercitare liberamente la propria professione.

In seguito al pogrom della Notte dei Cristalli, fu imprigionato nel campo di Sachsenhausen. Dopo quattro mesi, stremato dal lavoro fisico, fu rilasciato grazie all'influenza della moglie. Ormai sparuto e paranoico, aveva una sola ossessione: che sua figlia andasse a vivere in sicurezza nella zona libera.

A sua volta fuggì dalla Germania con la moglie Paula verso i Paesi Bassi, dove furono, infine, arrestati nel 1943. Tuttavia, riuscirono a fuggire dal campo di Westerbork e rimasero nascosti fino alla fine della guerra.

PAULA LINDBERG

Cantante rinomata, viene descritta come una persona senza pretese, ma con un talento straordinario. Era una matrigna premurosa per Charlotte. Con l'arrivo del nazismo al potere, subì una discesa sociale a causa della sua condizione di ebrea, che faticò ad accettare.

ALFRED WOLFSOHN

Insegnante di canto nato nel 1896 e morto nel 1962, fu l'inventore di una tecnica di posizionamento della voce. Sicuro di sé, coerente e impavido, era ossessionato dal mito di Orfeo, in cui l'eroe attraversa gli inferi per ritrovare la sua amata, da quando tornò dal fronte nella Grande Guerra: "Pensa incessantemente all'attraversamento delle tenebre." Durante il periodo nazista, non gli fu più permesso esercitare con clienti non ebrei e così prese come allieva Paula Lindberg, la matrigna di Charlotte, di cui si innamorò.

Interessato alle qualità artistiche di Charlotte, finì per vivere una storia d'amore, senza particolare attaccamento, tra le braccia di lei. Pur avendola ossessionata per tutta la vita, aveva una sola vera passione, la musica. Solo dopo la guerra, quando ricevette il libro di Charlotte *Vita? O teatro?* pubblicato in seguito a una mostra della giovane artista, che si rese conto dell'influenza che aveva su di lei.

I NONNI

Queste persone, devastate dalla morte delle due figlie, amano profondamente la nipote e le trasmettono il loro amore per l'arte. Fu grazie ai loro numerosi viaggi nei musei che Charlotte scoprì la pittura. Costretti a vivere all'estero all'inizio delle prime restrizioni contro gli ebrei in Germania, insistettero all'epoca affinché la nipote andasse con loro in Francia, cosa che fece solo qualche anno dopo.

La nonna appariva depressa come le figlie: sembrava lottare per non lasciarsi morire. Un giorno, la demenza prese il sopravvento e si convinse che i nazisti avrebbero ucciso tutti gli ebrei. Si suicidò gettandosi dalla finestra.

Il marito è descritto come una persona taciturna che viveva in isolamento. Dopo la morte della moglie, segnata dai tragici eventi della sua vita, egli sottopose Charlotte a un vero e proprio calvario, sia psicologico che fisico: "La fa spogliare e venire contro di lui". (p. 169) Morì di vecchiaia, il che u un sollievo per la nipote.

OTTILIE MOORE

Una ricca donna americana andata a vivere nel sud della Francia, accolse molti orfani e offrì loro un ambiente di vita piacevole. Generosa, ospitò Charlotte e i suoi nonni per un po'. L'americana si dimostrò molto disponibile nei confronti della giovane artista, dandole consigli e fornendole materiali per la pittura. Non appena la zona libera fu conquistata dai tedeschi, tornò negli Stati Uniti.

Al suo ritorno a Villefranche-sur-Mer dopo la guerra, ereditò il lavoro di Charlotte attraverso l'intermediazione del medico Moridis, che infine consegnò ai suoi genitori.

DOTTOR MORIDIS

Come medico abituale dell'Ermitage, fu durante le sue numerose visite che conobbe Charlotte e scoprì il suo genio, la sua follia artistica. Svolse un ruolo importante nella trasmissione dell'opera di Charlotte Salomon. Fu anche testimone del matrimonio di Charlotte e Alexander.

ALEXANDER NAGLER

Ex amante di Ottilie Moore, questo quarantenne ebreo-austriaco si nascose con la massima discrezione nella proprietà abbandonata della sua ex amante. Silenzioso, protettivo e goffo per natura, era alto, aveva una cicatrice sulla fronte e zoppicava a causa di un incidente infantile. Toccata dalla sensibilità dell'uomo, Charlotte finì per volerlo proteggere.

Nella paura, Alexander e Charlotte si avvicinarono sempre di più e decisero finalmente di sposarsi. Fu felicissimo quando venne a sapere della gravidanza di Charlotte. Quando l'artista venne denunciata, decide di partire con lei, non volendo lasciarla sola. Separato dalla moglie ad Auschwitz, morì per sfinimento nel gennaio 1944.

BARBARA

Unica amica di Charlotte all'Accademia di Belle Arti, Barbara era l'esatto contrario della giovane ragazza ebrea di cui apprezzava l'orecchio attento. Era rumorosa, eccentrica e sempre circondata da ragazzi. Tedesca pura di nascita, era il tipo di ariano per eccellenza. Fu lei che beneficerà del premio di Charlotte alla giuria finale.

CHIAVI DI LETTURA

Pur basandosi su fatti storicamente accertati, il romanzo *"Charlotte"* tratta la giovinezza, l'adolescenza e gli inizi artistici di questa pittrice attraverso il prisma della fantasia. Il libro mescola due generi letterari, la biografia romanzata e il romanzo in versi liberi, il che gli valse molte critiche.

TRA BIOGRAFIA ROMANZATA E ROMANZO IN VERSI LIBERI

Il genere della biografia romanzata

Genere letterario in voga nel 2014, la biografia romanzata, nota anche come fiction biografica, presenta le seguenti caratteristiche:

- La storia riguarda un personaggio principale esistente, conosciuto e deceduto: in questo caso, il romanzo è incentrato sulla vita di Charlotte Salomon, una pittrice ebrea che faceva parte del movimento espressionista.

- La narrazione si basa su elementi comprovati, come corrispondenza, indagini, documenti di riferimento ed eventi storici: David Foenkinos si è ispirato all'opera autobiografica dell'artista, *"Vita? O teatro?"* in cui Charlotte stessa racconta le storie della propria famiglia, della sua infanzia e della sua giovinezza segnata dalla passione, dal nazismo e dall'esilio. David Foenkinos ha anche compiuto una sorta di pellegrinaggio in tutti i luoghi in cui Charlotte ha vissuto e ha raccolto le testimonianze dei figli dei contemporanei dell'artista.

- L'immaginazione dell'autore riempie i vuoti lasciati dalla storia o dalla ricerca per romanzare la vita del personaggio: è il caso di tutto il romanzo, e soprattutto della fine, quando descrive l'ultimo anno di vita di Charlotte e la sua deportazione, di cui rimangono poche informazioni.

- Molto spesso, lo scrittore si mette in scena: parla in diverse occasioni, spiegando la sua ossessione per Charlotte e il suo lavoro: "L'ho capito dal momento in cui ho scoperto *Vita? O teatro?*. Tutto ciò che ho amato. Tutto ciò che mi turbava da anni". (p. 70)

L'arte del verso libero

La scrittura in versi liberi non ha una struttura particolare: le frasi non sono misurate, non sono organizzate in strofe e non sono necessariamente in rima. Tuttavia, eredita alcune caratteristiche del verso classico, come l'uso di frasi brevi su un solo rigo, il ritorno al rigo dopo ogni frase, una disposizione con molti spazi vuoti, un certo ritmo, la presenza di figure retoriche, ecc.

Nel romanzo l'autore ci spiega perché ha usato i versi liberi: ammette che non riusciva a scrivere frasi lunghe su Charlotte Salomon perché era così ossessionato da lei e non sapeva come scrivere la sua storia. Oppresso e soffocato da questo personaggio, scelse quindi questo tipo di scrittura:

> "Era una sensazione fisica, un'oppressione.
>
> Ho sentito il bisogno di andare in linea per respirare.
>
> Poi ho capito che doveva essere scritto in quel modo." (p. 70)

Per garantire che la forma complessiva del libro sia in linea con la sua sintassi, l'autore ha organizzato il testo alla maniera di una poesia: parti numerate che lasciano il posto a una poesia visiva in versi liberi; interruzioni di riga e spaziatura.

IL RAPPORTO TRA IMMAGINI E PAROLE

L'opera autobiografica di Charlotte Salomon *"Vita? O teatro?"* è un lavoro molto complesso. Lascia il segno nel lettore grazie al fascino che suscita, sia per il talento artistico che per il destino sconvolgente che descrive. Come un diario, *"Vita? O teatro?"* fonde diverse discipline: pittura, scrittura e musica.

Nel 1940, Charlotte Salomon, giovane artista ebrea, era rifugiata a Nizza, nel sud della Francia. Tre eventi importanti avevano appena segnato la sua vita e lei era sull'orlo della disperazione: sua nonna si era suicidata, apprese la vera causa della morte di sua madre (suicidio) ed era appena fuggita da un campo di lavoro con suo nonno. Il medico le suggerì, per il suo bene, di lasciarsi andare alle emozioni e alla follia interiore. Si rese conto della necessità di mettere su carta la propria vita. Convinta di essere predestinata al suicidio, come tutte le donne della sua famiglia prima di lei, Charlotte sembrò voler lasciare una traccia prima di scomparire. Esplorando i suoi ricordi, volle rappresentare la vita della sua famiglia, la sua, gli orrori perpetrati contro gli ebrei, le sue ossessioni per l'arte e per Alfred.

Dopo due anni di isolamento, dipinse circa 760 gouaches di 30 x 39 cm, utilizzando i tre colori primari: blu, giallo e rosso. Raggruppati a forma di libro, i dipinti erano regolarmente separati l'uno dall'altro da fogli trasparenti, come se Charlotte avesse cercato di ricreare un'edizione di libri pregiati come quelli che ornavano la biblioteca di suo padre. Questi dipinti, con il loro stile espressionista, sembravano essere simili ai fumetti, che mescolavano testo e immagini, e alle tecniche cinematografiche (angoli di visuale, prospettiva, ecc.). Così, le gouaches narrative si leggono in una certa direzione, che varia regolarmente (in orizzontale, in verticale, in diagonale, ecc.), con diversi punti di vista (angolo basso, primo piano, ecc.) e sono intervallate da numerosi testi. Questi includono descrizioni esplicative e dialoghi – da leggere ad alta voce secondo le istruzioni dell'artista – citazioni di filosofi e opere letterarie e testi di canzoni popolari tedesche. La musica viaggia tra i disegni e i testi, come una melodia che spunta all'improvviso nella testa. L'autrice non fornì riferimenti a sinfonie, opere e altre espressioni musicali, ma si possono trovare opere di Bach (compositore barocco, 1685-1750), Schubert (compositore romantico, 1797-1828) e Gluck (compositore classico, 1714-1787). Charlotte, che non scrisse mai in prima persona, appare nei commenti dei personaggi o nella voce narrante che dà ritmo a questo libro-pittura.

In *"Vita? O teatro?"* Charlotte riuscì a ricreare la "vita" attraverso i temi e le tecniche artistiche che scelse di affrontare. Poiché il suo lavoro fa appello ai sensi della vista (pittura), dell'udito (musica e dialogo) e del tatto (sfogliare le pagine del libro), l'esercizio di renderlo pubblico e accessibile nella sua interezza presenta molte difficoltà. Infatti, è impossibile permettere a ogni spettatore-lettore di girare le fragili pagine della collezione, perché si rischierebbe di danneggiarle; allo stesso modo, mescolare tutti i riferimenti sonori (musica e dialoghi) in una sala espositiva creerebbe una sorta di cacofonia. Queste complicazioni mostrano l'originalità di quest'opera insolita.

 ## BUONO A SAPERSI: ESPRESSIONISMO

Il termine espressionismo apparve per la prima volta nel 1911 ed è principalmente associato al periodo tra le due guerre. Le opere di questo movimento artistico trasmettono una malsana atmosfera di rivolta. L'espressionismo è caratterizzato dall'uso di colori vivaci e violenti che presentano la realtà in modo distorto o esagerato e non lasciano indifferenti. Durante il periodo nazista (1933-1945), questo movimento fu considerato una forma di "arte degenerata": la sua pratica fu vietata e diverse opere furono addirittura distrutte.

L'espressionismo non si limita alla pittura: si riflette anche in altre discipline artistiche come la letteratura, il teatro, il cinema e la musica. *"L'Urlo"* di Edvard Munch (1863-1944), *"La guerra"* di Otto Dix (1891-1969) o la *"Scena di strada a Berlino"* di Ernst Ludwig Kirchner (1880-1938) sono tutte opere pittoriche espressioniste.

L'OSSESSIONE DI UNO SCRITTORE

In diverse occasioni David Foenkinos parla tra le righe per esprimere, come tra un respiro e l'altro, la sua ossessione per l'artista Charlotte Salomon. Prima di diventare ossessionato da lei, l'autore era affascinato da Aby Warburg (1866-1929), uno storico dell'arte che possedeva una ricca biblioteca. Già allora si sentiva attratto dalla nazione tedesca, di cui non conosceva la lingua; ciò non gli impedì di dotarne i personaggi in diversi suoi romanzi. Era, inoltre, affascinato da tutte le forme d'arte germanica, dalla musica alla letteratura, dalla pittura al design.

La scoperta dell'opera di Charlotte Salomon avvenne per caso, durante le sue peregrinazioni, su invito di un amico che lavorava in un museo di Berlino. Lo portò nella stanza dove erano temporaneamente esposte le opere dell'artista ebreo. Per David Foenkinos fu stato amore a prima vista e l'inizio di una vera e propria ossessione:

> "Ed è stato immediato.
>
> La sensazione di aver finalmente trovato quello che stavo cercando.
>
> […] La connivenza immediata con qualcuno." (p. 69-70)

Lo scrittore iniziò, quindi, a fare ricerche sulla vita di Charlotte. Per anni, esaminò le sue opere e fece persino riferimento a lei nei suoi romanzi. Sognava di scrivere una biografia dell'artista per rendere omaggio all'opera *Vita? O teatro?* e decise di compiere una sorta di pellegrinaggio, visitando tutti i luoghi in cui Charlotte aveva vissuto: la sua scuola, il suo appartamento, l'Hermitage, l'hotel, ecc.

> "Molte volte, i miei passi nei suoi passi.
>
> Avanti e indietro sulle orme di Charlotte da bambina." (p. 33)

Tuttavia, non sapeva come procedere per scrivere quest' opera: "Quale forma dovrebbe assumere la mia ossessione?" (p. 71). Soffocava di paura all'idea di venir meno al suo dovere di ricordare. Non riuscendo a mettere insieme due frasi di fila, decise di scrivere in versi liberi, andando a capo come per riprendere fiato.

Quest'opera poetica non ha lasciato nessuno indifferente. Acclamata da alcuni e uccisa da altri, *"Charlotte"* rivela un virtuosismo degno delle più grandi opere letterarie e lascia un segno nel subconscio del lettore.

SPUNTI DI RIFLESSIONE

ALCUNE DOMANDE PER UN'ULTERIORE RIFLESSIONE...

- Come possiamo analizzare la prospettiva storica di questo romanzo?

- Come definireste lo stile di scrittura dell'autore?

- Quale immagine pensate sia associata alla figura maschile in quest'opera?

- Pensate che si tratti di una questione di determinismo nella famiglia di Charlotte o che i suicidi siano legati a eventi esterni?

- Che ruolo ha l'arte in questo romanzo? In che modo sembra essere liberatorio per Charlotte?

- Commentate questa frase *"Arbeit macht frei"* in base al contesto storico.

- Riassumete gli elementi principali della Seconda Guerra Mondiale con l'aiuto degli elementi storici citati nell'opera.

- Analizzate il personaggio di Ottilie Moore. La considerate un'eroina di guerra?

- Analizzate il discorso di Alexander quando si dichiara ebreo per poter sposare Charlotte. Scrivete un dialogo argomentativo per cercare di ragionare con lui su questa scelta.

- Commentate l'epigrafe del romanzo: "Chi, vivendo, non fa i conti con la vita, ha bisogno di una mano per allontanare la disperazione causata dal suo destino". Dopo aver letto il romanzo, come comprende questa citazione dal *Diario* di Kafka?

PER APPROFONDIRE

EDIZIONE DI RIFERIMENTO

Foenkinos D. *Charlotte,* Parigi, Gallimard, 2014.

Lavoro pittorico

Salomon C., *Vita? O teatro?* Parigi, Le Tripode Éditions, 2015.

Vogliamo sapere da voi!
Lasciate un commento sulla vostra biblioteca online
e condividete i vostri libri preferiti sui social media!

Perché scegliere Must Read?

Scoprite tutto quello che c'è da sapere su un libro, con i nostri riassunti e le nostre analisi concise e approfondite!

Scoprite il meglio della letteratura sotto una luce completamente nuova!

MUST READ ANALISI DEL LIBRO

Lo straniero

ALBERT CAMUS

MUST READ ANALISI DEL LIBRO

Il Grande Gatsby

FRANCIS SCOTT FITZGERALD

MUST READ ANALISI DEL LIBRO

Una bottiglia nel mare di Gaza

VALÉRIE ZENATTI

MUST READ ANALISI DEL LIBRO

Vorrei che da qualche parte ci fosse qualcuno ad aspettarmi

ANNA GAVALDA

MUST READ ANALISI DEL LIBRO

Il conte di Montecristo

ALEXANDRE DUMAS

MUST READ ANALISI DEL LIBRO

Il profumo

PATRICK SÜSKIND

www.50minutes.com

www.50minutes.com

Master ISBN: 9782808690003
ISBN cartaceo: 9782808611404
Deposito legale: D/2023/12603/1420

Copertura: © Primento

Concezione digitale a cura di Primento, il partner digitale degli editori.